RAPPORT

SUR

LES TRAVAUX DE M. JULES GUÉRIN,

RELATIFS

AUX DIFFORMITÉS DU SYSTÈME OSSEUX.

COMMISSION :

MM. DULONG, SAVART, MAGENDIE, SERRES, LARREY,

ROUX, DOUBLE, Rapporteur.

ACADÉMIE ROYALE DES SCIENCES.

Séance publique du lundi 21 août 1837.

EXTRAIT DU RAPPORT

SUR LE

CONCOURS POUR LE GRAND PRIX DE CHIRURGIE

RELATIF

AUX DIFFORMITÉS DU SYSTÈME OSSEUX.

COMMISSION :

MM. DULONG, SAVART, MAGENDIE, SERRES, LARREY,
ROUX, DOUBLE, Rapporteur.

Le 26 juillet 1830, l'Académie publia pour sujet de prix le programme
suivant :

« *Déterminer, par une série de faits et d'observations authentiques , quels sont les*
» *avantages et les inconvéniens des moyens mécaniques ou gymnastiques appliqués à*
» *la cure des difformités du système osseux.* »

Pour ne laisser aucun doute aux concurrens sur la pensée qui avait présidé à ce programme, et sur sa portée scientifique, l'Académie avait joint les développemens qui suivent: l'Académie demande aux concurrens:

« 1° La description générale et anatomique des principales difformités qui » peuvent affecter la colonne vertébrale, le thorax, le bassin et les membres.

» 2° Les causes connues ou probables de ces difformités, le mécanisme » suivant lequel elles se produisent, ainsi que l'influence qu'elles exercent sur » les fonctions, et particulièrement sur la circulation du sang, la respiration, » la digestion et les fonctions du système nerveux.

» 3° De désigner d'une manière précise celles qui peuvent être combattues » avec espoir de succès par l'emploi des moyens mécaniques; celles qui doivent » l'être par d'autres moyens; enfin celles qu'il serait inutile ou dangereux de » soumettre à aucun genre de traitement.

» 4° De faire connaître avec soin les moyens mécaniques qui ont été em- » ployés jusqu'ici pour traiter les difformités, soit du tronc, soit des membres, » en insistant davantage sur ceux auxquels la préférence doit être accordée.

» La description de ces derniers sera accompagnée de dessins détaillés ou de » modèles; et leur manière d'agir devra être démontrée sur des personnes » atteintes de difformités.

» Les concurrens devront aussi établir par des faits les améliorations obtenues » par les moyens mécaniques non seulement sur les os déformés, mais sur les » autres organes et sur leurs fonctions, et en premier lieu sur le cœur, le pou- » mon, les organes digestifs et le système nerveux.

» Ils distingueront, parmi les cas qu'ils citeront, ceux dans lesquels les amélio- » rations ont persisté, ceux où elles n'ont été que temporaires, et ceux dans les- » quels on a été obligé de suspendre le traitement ou d'y renoncer à raison des » accidens plus ou moins graves qui sont survenus.

» Enfin la réponse à la question devra mettre l'Académie dans le cas d'ap- » précier à sa juste valeur l'emploi des moyens mécaniques et gymnastiques pro- » posés pour combattre et guérir les diverses difformités du système osseux. »

Le prix consistera en une médaille d'or de la valeur de *dix mille francs*.

Tel était le programme offert à nos hommes de science.

Depuis 1830 jusqu'à ce jour, la question a été trois fois remise au concours, toujours dans les mêmes termes et toujours avec de nouveaux avantages.

Pour ce dernier concours l'Académie a reçu douze mémoires, et, sur ce nombre, deux, dans l'opinion des juges, ont mérité de fixer l'attention de l'Académie et du public.

M. J. GUÉRIN.

L'un est un travail de longue haleine, présenté par M. Jules Guérin; l'auteur a choisi deux épigraphes : la première, fournie par l'ouvrage lui-même, est ainsi conçue :

La science des difformités, placée, par la nature de ses faits , entre la physique et la médecine, est destinée à nouer ces deux sciences à l'aide de la méthode expérimentale.

La seconde : *Principiis obsta.*

Ces deux épigraphes répondent aux deux parties principales de l'ouvrage, à la partie scientifique et à la partie pratique. L'analyse succincte et rapide que nous allons essayer d'en donner prouvera que l'auteur a indiqué, dans ce peu de mots, deux des plus grandes pensées qui dominent son travail.

Et d'abord, pour mettre l'Académie à même d'apprécier immédiatement la portée et l'étendue des recherches de M. Guérin , le point de vue où il s'est placé , l'esprit qu'il y a apporté , nous croyons devoir faire précéder l'analyse de son ouvrage, de quelques lignes empruntées à son introduction.

« Le premier fait qui m'a frappé , dit-il, dès le jour où je suis passé des
» livres à la nature , est celui-ci : c'est que les grandes difformités du système
» osseux, les difformités de la colonne vertébrale , par exemple, portées à un
» haut degré , changent, bouleversent toute la charpente animale, réalisent en
» quelque sorte une économie nouvelle, avec des organes et des fonctions telle-
» ment modifiés , tellement altérés, qu'il en résulte une vie spéciale pour ceux
» qui ont subi cette profonde révolution. En effet, ce ne sont plus ni le thorax,
» ni les poumons, ni le cœur, ni le foie, ni le canal vertébral , ni la moelle, ni
» l'estomac, ni les intestins, dans les rapports de direction , de dimension, de
» volume , de consistance, que la nature a déterminés pour l'entretien de la
» vie : c'est une autre respiration, c'est une autre circulation, c'est une révo-
» lution générale telle, que si nous n'assistions pas tous les jours à cette trans-
» formation prodigieuse, et si cette transformation ne s'accomplissait pas pro-
» gressivement et en donnant à l'économie le temps de s'adapter graduellement
» aux nouvelles conditions d'existence qui lui sont imposées, nous ne conce-

» vrions jamais la possibilité de la vie avec des altérations si profondes de ses
» conditions fondamentales. Or, ces changemens, si importans et si sensibles
» pour les grandes fonctions de la vie, retentissent encore sur les organes et
» sur les fonctions secondaires. La direction nouvelle des vaisseaux, la réduc-
» tion de leur calibre, les obstacles qu'ils apportent au cours du sang, se tra-
» duisent par une nutrition différente, alternativement pauvre ou exagérée,
» modifiée dans sa nature comme dans la quantité de ses produits. Les systèmes
» musculaire et ligamenteux subissent à leur tour l'influence des déplacemens
» de leurs points d'attache; leur direction, leur dimension, leur forme, leur
» tissu, changent par le déplacement et la déformation des leviers sur lesquels
» ils agissent; et de ces changemens naissent d'autres conséquences dyna-
» miques qui nécessitent des lois différentes, puisqu'elles ont à formuler des
» conditions phénoménales nouvelles.... Ainsi, dans les déviations de l'épine,
» les muscles de la respiration, les pectoraux, les intercostaux, les dentelés,
» le diaphragme, les muscles du dos et de la colonne, et dans un ordre de dif-
» formités moins importantes, les muscles mêmes des membres subissent quel-
» quefois des modifications et des déplacemens tels, qu'il en résulte jusqu'à des
» fonctions diamétralement opposées à celles qui leur avaient été primitive-
» ment départies. Cette expression n'a rien d'exagéré, du moins dans la
» limite de certains faits. Que résulte-t-il de ce grand phénomène, de cette
» révolution générale du corps humain qui se modifie si profondément dans
» ses agens comme dans ses fonctions, sinon que la science destinée à tracer
» l'histoire des faits qui en dépendent, sinon que la philosophie chargée de
» déterminer les lois qui président à la formation d'aussi importans résul-
» tats, doit avant tout les étudier dans leurs divers élémens, et remonter
» de la découverte de chacun d'eux à la découverte des causes qui les pro-
» duisent? Or, quelle est l'étendue de cette tâche et quelle en est la limite,
» sinon l'étendue des faits qu'elle doit atteindre ? Si la plupart des organes,
» si la plupart des systèmes, la plupart des fonctions arrivent à être pro-
» fondément altérés dans leurs conditions matérielles, dans leurs rapports
» et leur mécanisme; si la série des phases par lesquelles cette métamorphose
» passe pour arriver à être complète constitue elle-même une succession de
» faits, d'aspects, de rapports et de résultats différens; si la vie enfin reçoit le
» dernier mot de cet enchaînement d'altérations, au point d'en revêtir une
» autre physionomie générale, et même d'être arrêtée prématurément dans son
» cours, n'y a-t-il pas presque toute u..e science dans cette application nou-

» velle de la science de la vie normale? N'est-ce pas une anatomie, une physio-
» logie, une pathologie spéciales? N'est-ce pas un ensemble de faits et de lois,
» autres que les faits et les lois que l'observation et l'expérience avaient enre-
» gistrés jusqu'alors? Et qu'on ne regarde pas un tel point de vue comme le
» résultat d'une exagération enthousiaste; qu'on n'y cherche pas surtout la
» justification des développemens auxquels j'ai été entraîné: non, je ne crains
» pas de le dire, l'histoire des difformités du système osseux chez l'homme
» sera une histoire immense, et la science qui arrivera à enregistrer tous les
» faits qui s'y rapportent sera une application générale des sciences anato-
» miques, physiologiques et pathologiques telle, qu'il n'est pas possible d'en
» concevoir une plus vaste et plus féconde en résultats nouveaux. »

Après ces lignes de l'auteur, qui sont comme le frontispice de son travail, entrons directement dans l'analyse du travail lui-même.

L'ouvrage de M. Guérin se compose de trois parties distinctes:

1° D'une série de *faits* et d'*observations* authentiques sur toutes les difformités du système osseux, recueillis dans les amphithéâtres, les musées et les hôpitaux de Paris, portant l'indication et le numéro des pièces, et classés méthodiquement de manière à offrir une histoire *réelle* et *expérimentale* de ces difformités, avec un atlas de quatre cents planches environ, la plupart dessinées d'après nature, par M. Werner, peintre du Muséum d'histoire naturelle;

2° D'une série de cent tableaux, dans lesquels sont résumés et rapprochés tous les élémens des faits généraux découverts par l'auteur, ainsi que leurs conditions de *manifestation*, d'*association* et de *variation*, avec l'indication des numéros d'ordre, des observations individuelles qui ont fourni les élémens du tableau: le tout disposé de manière à offrir tout à la fois l'exposition et la preuve des faits et des rapports nouveaux signalés par l'auteur ;

3° D'un résumé général présentant les conséquences des faits analytiquement exposés dans la première partie de l'ouvrage, et formulant explicitement les corollaires généraux contenus implicitement dans les tableaux.

Ainsi les trois parties de l'ouvrage de M. Guérin sont liées et subordonnées l'une à l'autre de telle manière, que la première (les observations particulières) fournit les élémens de la seconde (les tableaux); la seconde, les élémens de la troisième (le résumé); et que chacune de ces déterminations nouvelles, s'appuyant sur un des tableaux, celui-ci renvoie par une indication numérique à toutes les preuves de fait qu'il résume, et qui sont éparses dans les observations particulières.

M. Guérin a d'ailleurs mis sous les yeux de la commission un grand nombre de pièces et de préparations anatomiques, propres à éclairer et à confirmer les résultats principaux de ses recherches.

Nous allons indiquer rapidement ceux de ces résultats qui ont plus spécialement fixé l'attention de la commission.

Pour plus de clarté et de méthode, nous les raporterons aux divisions principales du programme. c'est-à-dire, à l'anatomie, à la physiologie, à la pathologie et à la thérapeutique des difformités.

§ I.

ANATOMIE DES DIFFORMITÉS.

1° M. Guérin a montré que dans toutes les difformités du système osseux, difformités de la *colonne*, du *thorax*, du *bassin*, dans les *luxations anciennes* et les *pieds-bots*, la portion du squelette qui est le siège de la difformité tend à *s'atrophier*, à diminuer de longueur et de volume, et que ce résultat varie suivant la nature, le degré, et l'ancienneté de la difformité.

2° Relativement au *système musculaire*, il a montré que dans toutes les difformités qui changent les points d'insertion des muscles, ceux-ci éprouvent des déplacemens, des changemens de direction, de formes, de dimensions, de consistance et de texture, qui sont soumis à des règles fixes, propres au système musculaire; règles en vertu desquelles on peut toujours déterminer, la difformité du squelette étant donnée, quels seront les changemens de toute nature éprouvés par les muscles. Les principales de ces lois sont les suivantes :

« 1re *loi*. Dans toutes les difformités anciennes, les muscles, au lieu de » continuer leurs rapports primitifs avec la portion du squelette déviée, ten- » dent à se raccourcir et à se diriger en ligne droite, entre leurs deux points » d'insertion. »

« 2ᵉ *loi*. La transformation des muscles est graisseuse ou fibreuse : grais-
» seuse dans les conditions où les muscles sont comprimés et frappés d'inertie;
» fibreuse, lorsqu'ils sont soumis à des tractions exagérées. »

3° Le *système fibreux*, placé, par la nature de son organisation, entre les
système musculaire et osseux, obéit dans ses déplacemens, ses changemens
de dimension, de direction et de contexture, à des lois qui dérivent des propriétés spéciales de ces deux systèmes. Ainsi il est soumis aux lois de rétrac-
tilité du système musculaire (lois de direction et de dimension), et il a une
tendance à s'ossifier dans les conditions où le système musculaire passe à l'état
graisseux (l'inertie).

4° Le *système artériel* offre une série de faits intéressans sous le rapport
de la direction et des changemens de calibre des artères. M. Guérin a cons-
taté que dans toutes les difformités du système osseux, les artères, au lieu de
s'adapter comme les muscles au degré de raccourcissement de l'espace qu'elles
mesurent, et par conséquent, au lieu de se porter en ligne droite comme les
muscles, suivant la direction des cordes des courbures, s'adaptent à ces
courbures, les suivent, ou bien, dans les cas où elles sont libres, deviennent
flexueuses, et d'autant plus flexueuses que le trajet qu'elles avaient à parcourir
est plus réduit. Ce fait a lieu d'une manière sensible dans les déviations de
l'épine et les courbures des membres principalement. Dans les premières
l'aorte s'adapte au trajet de la colonne, ainsi que l'avaient déjà noté Wetzel,
Morgagni et Vrolick; et les carotides et les iliaques deviennent d'autant plus
flexueuses, que la réduction du tronc est plus considérable. Ajoutons d'ailleurs
qu'au niveau de la convexité des inflexions artérielles, presque toujours les
parois du vaisseau sont dilatées.

Un fait plus important relatif au changement de calibre des artères, est
celui-ci : dans les difformités anciennes, dans les luxations anciennes du fémur, par exemple, les artères qui se distribuent aux parties qui sont le siège
de la difformité perdent quelquefois jusqu'aux deux tiers de leur calibre. Par
cet ordre de faits, M. Guérin a rendu compte de la réduction en tous sens,
de l'atrophie, de l'abaissement de température des membres atteints d'anciennes difformités; de plus, il a ainsi donné une confirmation pathologique
de la loi physiologique dès longtemps établie par M. Serres, savoir, la prépondérance génératrice du système artériel dans le développement de l'orga-

nisme. C'est ainsi que l'ordre pathologique répète en sens inverse les lois de l'ordre physiologique.

5° Le *système veineux* obéit, dans les changemens de direction des veines, aux règles du système artériel. Mais M. Guérin a signalé un fait général fort important relatif à ce système, savoir : sa prépondérance très marquée, prépondérance *générale* chez tous les sujets atteints de fortes et anciennes déviations de l'épine, et *locale* dans toutes les parties frappées de difformités, comme les membres luxés ou atteints de pieds-bots. Toujours dans ces deux ordres de faits, le système veineux accuse un développement exagéré, soit par la prédominance directe et générale du calibre et du nombre des vaisseaux veineux, soit par la coloration violacée des parties qui sont le siège de ce développement. C'est à l'aide de cet ordre de faits et de ceux relatifs à la réduction du calibre des artères et à l'impuissance de l'hématose chez les sujets frappés de fortes déviations de l'épine, que M. Guérin a rendu compte de la dégénérescence graisseuse qu'on remarque dans tous les tissus de ces derniers individus, et de la transformation graisseuse partielle des parties atteintes de difformités partielles.

6° M. Guérin a fait connaître des particularités non moins curieuses en ce qui concerne le *système nerveux*, la direction et le déplacement de la moelle épinière et des nerfs. Il a montré que tout ce système de cordons, dans les grandes courbures, qui diminuent la longueur de leur trajet, tendent, mais à un moindre degré que les muscles, à se diriger en ligne droite; par exemple, dans les déviations anciennes de la colonne, la moelle décrit des courbures d'un plus grand rayon que le canal osseux, s'applique fortement contre les concavités des courbures (convexités intérieures du canal rachidien), et se creuse en ces points un canal supplémentaire. Les nerfs sciatiques et cruraux affectent une tendance analogue dans les fortes courbures des membres. M. Guérin a montré que ce résultat, analogue à celui qui est produit par le système fibreux, est dû précisément à la nature fibreuse des enveloppes des cordons nerveux (le névrilème).

Les faits qui précèdent se répètent dans l'histoire de toutes les difformités et en constituent, en quelque façon, l'*anatomie générale*.

Parmi les faits anatomiques appartenant à l'histoire des difformités particulières, la commission a plus spécialement remarqué :

1° La détermination de *dispositions articulaires spéciales* entre les onzième et douzième vertèbres dorsales, entre la dernière vertèbre lombaire et le sacrum, articulations présidant au centre des mouvemens de *flexion latérale* de la colonne et d'*inclinaison* de la colonne sur le bassin. Ces deux faits d'anatomie et de physiologie sont d'autant plus importans qu'ils deviennent la source de deux caractères primitifs des déviations latérales, suivant la nature des causes qui les mettent en jeu.

2° Le fait de la *torsion de la colonne sur un axe passant par l'extrémité des apophyses épineuses*, et considéré comme fait *primitif* et *dominateur* des caractères anatomiques des déviations, à toutes les périodes et à tous les degrés de ces déviations.

3° L'existence d'*une première période des déviations latérales*, dans laquelle la série des apophyses épineuses paraît suivre une ligne droite, alors que les corps vertébraux ont déjà éprouvé un déplacement latéral sensible, avec l'indication des caractères anatomiques propres à suppléer l'absence de déviation apparente dans la série des apophyses épineuses.

4° La détermination des *rapports numériques* qu'il y a entre la déviation réelle ou intérieure (celle des corps vertébraux), et la déviation extérieure et visible (celle des apophyses épineuses) dans toutes les périodes et à tous les degrés de la déviation, de manière à résoudre ce problème : « *Étant donnée la déviation des apophyses épineuses, déterminer le degré de la déviation des corps des vertèbres.*

5° Toujours dans la ligne des faits anatomiques spéciaux, la commission a encore remarqué le phénomène de l'*élévation du bassin*, accompagnant les luxations fémoro-iliaques et ajoutant au raccourcissement apparent du membre luxé ; élévation due au déplacement de l'insertion fémorale du psoas, et proportionnée au degré d'ascension de la tête du fémur sur la surface externe de l'os coxal.

6° Le mode de *déformation des cavités articulaires normales* dans les luxations anciennes ou congéniales, et les *conditions* de la *formation* des cavités articulaires nouvelles. Ce dernier fait a surtout excité l'attention de la commission. M. J. Guérin a mis sous ses yeux une série de pièces dans lesquelles on a pu suivre le développement croissant des cavités articulaires nouvelles, lié et subordonné au degré de perforation de la capsule orbiculaire ; de manière à mettre dans une évidence complète la loi formulée par l'auteur, savoir : que *toute cavité articulaire nouvelle, dans les luxations anciennes, dépend de la mise en contact des surfaces osseuses de la tête fémorale et de la table externe de l'os iliaque à travers la capsule orbiculaire usée ou perforée.*

Ce fait est un des principaux qui décident de la réductibilité ou de la non réductibilité des luxations anciennes et congéniales.

Telle est l'indication sommaire des principaux faits anatomiques nouveaux, renfermés dans l'ouvrage de M. Guérin : passons à ceux de la seconde partie du programme.

§ II.

PHYSIOLOGIE DES DIFFORMITÉS.

La physiologie des individus atteints de difformités est la partie la plus neuve, la plus originale, sinon la plus importante de l'ouvrage de M. Guérin. C'est une série non interrompue de faits et de rapports importans, dont la détermination générale est tout entière exprimée par ces quelques lignes de l'auteur :

« L'histoire des fonctions chez les sujets atteints de difformités du système » osseux, constitue une physiologie humaine comparée, d'autant plus pré- » cieuse qu'elle se compose elle-même d'une collection d'états anormaux dif- » férens, dans lesquels la fonctionnalité est soumise à des conditions inces- » samment variées, et fournit à l'observateur autant de résultats qu'il y a de » combinaisons de ces conditions. »

Cette formule générale exprime bien les faits nombreux que l'auteur a rencontrés dans l'histoire anatomique et physiologique de la *respiration*, de la *circulation,* de la *digestion*, de la *nutrition,* de la *locomotion*, de l'*innervation,* et de la *génération,* chez les sujets atteints des principales difformités du système osseux. Voici brièvement quelques-uns de ces faits :

En ce qui concerne la *respiration* et la *circulation*, M. Guérin a d'abord déterminé six espèces principales de déformations du thorax, d'après le siège, le côté et le degré de la déviation ; déformations d'où dépendent en partie les altérations dynamiques de la respiration et de la circulation, les déplacemens et les altérations de texture des poumons, du cœur, du foie et des gros vaisseaux.

Ainsi, sous le rapport des *modifications dynamiques* de la respiration, il a montré que, suivant l'une ou l'autre de ces combinaisons, tantôt la dilatation du thorax est nulle des deux côtés, tantôt incomplète à droite ou à gauche; que la respiration est exclusivement diaphragmatique ou abdominale dans un grand nombre de cas; qu'il y a un mouvement partiel des côtes supérieures du côté convexe, rentrée partielle de la base du thorax du côté concave, et mouvement d'ascension de la totalité du thorax; il a fait voir que dans la déviation à deux courbures égales du 3ᵉ degré, limitant les parties supérieure et inférieure du thorax, la respiration devient impossible et l'asphyxie imminente..

A l'égard des *déplacemens* et des *altérations* du poumon, il a établi que, malgré l'élasticité et la compressibilité du tissu de ces organes, ils sont tour à tour engoués, splénisés, carnifiés, et même transformés partiellement en tissu fibro-celluleux, suivant le siége, l'étendue et le degré de la déviation; que sous l'influence de ces déplacemens et de ces altérations, la résonnance thoracique est très modifiée, produisant un son mat du côté de la convexité des courbures, sonore du côté concave; que le bruit respiratoire est lui-même modifié dans les mêmes proportions; nul ou presque nul au sommet des gibbosités; soufflant, bronchique au-dessus et au-dessous; fort, développé au niveau des concavités des courbures; enfin il a très bien établi que le résultat collectif de toutes ces anomalies ne pouvait être que le trouble complet de la fonction et l'altération chimique et organique de ses produits, et finalement une nutrition pervertie. Il a montré, en effet, que cette nutrition, exécutée avec un sang toujours veineux, toujours imprégné de matières grasses, hydrogénées, répand les mêmes principes dans tout l'organisme; de là la transformation graisseuse des tissus, l'imbibition huileuse du tissu osseux, et le développement exagéré du système veineux, qui se multiplie partout pour suffire à l'accroissement de ses produits. Enfin, M. Guérin a démontré que l'hématose incomplète, que la prédominance du système veineux chez les sujets très difformes, la transformation et la saturation graisseuse de leur organisme, répètent à un plus haut degré les conditions physiologiques et les résultats de la respiration et de la circulation chez les vieillards, chez lesquels la prédominance veineuse et la transformation graisseuse des tissus sont un caractère presque général et un produit de l'action décroissante et incomplète de la respiration.

Les observations de l'auteur concernant les *déplacemens* des *organes circulatoires*, et les modifications fonctionnelles, ne sont pas moins fécondes en résultats. Il a fait voir que le cœur est tantôt refoulé en haut, en bas, tantôt repoussé à droite , à gauche , en avant ou en arrière , suivant les six combinaisons de déformations du thorax qu'il a déterminées.

Il a signalé en outre un autre ordre d'influences , celles *du déplacement du foie* sur la position du cœur, par l'intermédiaire de la veine cave, de manière que, dans la déviation dorsale moyenne à droite, au troisième degré, lorsque le foie est précipité dans le bassin, le cœur , entraîné par la veine cave, vient appliquer l'oreillette droite sur le trou ovale. Dans ces différentes conditions , les mouvemens et les bruits du cœur éprouvent des modifications spéciales que M. Guérin s'est attaché à déterminer. Enfin, il a montré que dans les déviations dorsales moyennes à droite du 3ᵉ degré , les gros vaisseaux sont tordus, comprimés, et comme enroulés à leur origine, et que dans la déviation dorsale moyenne à gauche du 3ᵉ degré, les mouvemens du cœur deviennent complètement impossibles.

La commission regrette de ne pouvoir reproduire avec détails la série des faits signalés par l'auteur dans l'histoire des autres fonctions. Les exemples qui précèdent et la connaissance de la méthode appliquée par M. Guérin , c'est-à-dire, la triple recherche, sur le squelette, sur le cadavre et sur le vivant, des changemens de forme du contenant, des changemens de situation , de rapport et de texture du contenu, des changemens dans l'exécution de la fonction, suffisent pour laisser prévoir le nombre, l'étendue et la profondeur des observations auxquelles il s'est livré , et la fécondité des résultats que ces observations ont produits. La commission laisse donc cette partie de son analyse incomplète, pour passer immédiatement à l'énoncé de faits d'un ordre plus important et plus élevé, la pathologie.

§ III.

PATHOLOGIE DES DIFFORMITÉS.

Cette troisième section du programme comprend la partie philosophique et à la fois scientifique et pratique de l'histoire des difformités. La détermination des causes conduit à la distinction logique des faits, celle-ci à leur classification, et leur classification méthodique à une connaissance plus intime de leurs rapports et des lois qui les régissent. M. Guérin s'est montré à la hauteur de cette partie du programme, tant par les vues importantes qu'il y a répandues, que par les faits spéciaux qu'il y a consignés. Et d'abord voici textuellement l'expression d'une *loi générale* dont l'Académie appréciera l'originalité et la portée.

« Les causes essentielles des difformités, dit M. Guérin, possèdent une telle
» spécificité d'action, à l'égard des déformations auxquelles elles donnent nais-
» sance, que chacune de ces causes se traduit à l'extérieur par des caractères
» qui lui sont propres, et à l'aide desquels on peut, en général, par la diffor-
» mité diagnostiquer la cause, et par la cause déterminer la difformité; d'où il
» suit que la causalité essentielle est la seule vraie base de distinction pour la
» classification et le traitement des difformités. »

Cette loi, l'auteur l'a appliquée à l'histoire de toutes les difformités, et la commission en a vérifié la justesse dans une application expérimentale aux deux plus grandes classes des difformités du tronc, aux déviations de la colonne vertébrale, et aux difformités du thorax.

Mais ce n'était point assez d'assigner les principes généraux de la distinction nosologique et pratique des difformités, il fallait encore rechercher la source des causes spéciales qui président à leur formation.

1° A l'égard des difformités de la colonne, M. Guérin a montré que toutes les causes morbides, quelles qu'elles soient, n'agissent qu'en altérant une ou plusieurs des conditions statiques qui maintiennent le rachis dans la direction normale, et il a établi que ces diverses causes se résolvent toutes dans l'altération simple ou composée des conditions *musculaires, ligamenteuses* ou *osseuses.*

2° Dans les déviations *musculaires,* que l'auteur a distinguées en *passives* et en *actives,* suivant qu'elles dépendent d'un défaut de résistance musculaire ou d'un trouble actif de leur action, il a déterminé anatomiquement, physiologiquement et mécaniquement une espèce de déviation produite dans l'âge de la puberté chez la femme, par l'*élongation disproportionnée* ou trop rapide de la colonne : fait nouveau qui rend raison de la déviation si fréquente de 13 à 15 ans chez les jeunes filles. La détermination de cette espèce de déviation repose à la fois sur *une loi physiologique* trouvée expérimentalement par l'auteur, savoir : que *la croissance de la puberté chez les femmes s'opère principalement par l'élongation de la colonne vertébrale;* et sur cette circonstance matérielle que les colonnes atteintes de l'espèce de déviation dont il s'agit sont dans les rapports de longueur avec la hauteur de la taille et l'âge du sujet, sensiblement supérieurs.

3° Dans les déviations osseuses, l'auteur a démontré l'existence d'une espèce de déviation produite par l'*inégalité primitive des deux moitiés de la colonne vertébrale.*

Ce fait, déjà entrevu et soupçonné par M. Serres, aux recherches anatomiques duquel il se rattache, a été mis en évidence par M. Guérin, qui en a déterminé le mécanisme et les caractères. Cette espèce de déviations comprend presque toutes celles qui sont héréditaires, qu'on avait injustement attribuées au rachitisme, et qui se développent ordinairement vers l'âge de sept à dix ans avec l'apparence de la plus parfaite santé.

4° M. Guérin a encore fait connaître un nouvel ordre de difformités de l'épine qu'il a appelées *difformités composées,* résultant de l'association de la déviation latérale avec l'excurvation, dont les caractères offrent la combinaison de ces deux ordres de difformités simples.

5° A l'égard des *difformités du thorax,* l'auteur a indiqué deux ordres de causes nouvelles, et par conséquent deux ordres nouveaux de difformités, celles produites par les *troubles ou arrêts de développement* de la *première* et de la *seconde période* de *l'ostéogénie du sternum :* les premières, caractérisées par une réunion incomplète et un défaut de symétrie des deux moitiés latérales du sternum ; les secondes par un retard de l'ossification, par une brièveté, par une dépression ou saillie centrale du sternum. Ces deux ordres de faits sont basés sur une distinction lumineuse établie par l'auteur entre les deux périodes de l'ostéogénie, et sur la démonstration donnée par M. Serres du développement bifide du sternum.

6° Parmi les difformités des membres, nous signalerons une *espèce nouvelle de luxation spontanée coxo-fémorale,* produite par le *rétrécissement rachitique* de *la cavité cotyloïde* et le *gonflement simultané* de *la tête du fémur :* cette luxation, dont l'auteur a établi l'existence par plusieurs pièces anatomiques, est rarement complète, et elle offre des symptômes sur le vivant analogues aux symptômes de la luxation congéniale des fémurs.

7° M. Guérin a encore établi l'existence d'un ordre nouveau de *pieds-bots congénitaux,* produits par la *rétraction musculaire convulsive,* pendant la vie fœtale. Cet ordre de causes, dont l'origine sera démontrée plus bas, offre des caractères qui ne permettent pas de les confondre avec les causes qui produisent d'autres espèces de pieds-bots congénitaux.

8° Enfin la commission s'est spécialement arrêtée sur deux ordres de recherches d'une très grande importance, et dont l'indication va clore dignement l'analyse de cette partie du travail de M. Guérin. Nous voulons parler de *l'histoire des difformités générales chez les monstres et le fœtus*, et de *l'histoire générale du rachitisme*.

1° DIFFORMITÉS GÉNÉRALES CHEZ LES MONSTRES ET LE FOETUS.

Dans un premier ordre de faits, M. Guérin a rassemblé et décrit une série de monstres anencéphales, sur lesquels se trouvaient simultanément réunies toutes les difformités du système osseux qui se passent dans les articulations, telles que : *déviations de l'épine, difformités du thorax, luxations des fémurs, des genoux, luxations ou subluxations des coudes, des poignets et des pieds* (pieds bots, mains bots); en un mot, déplacemens plus ou moins complets de toutes les surfaces articulaires. A côté de ce premier fait général, il s'en trouvait un autre non moins général et non moins bien exprimé : c'est que toutes les difformités portées au plus haut degré des deux côtés étaient accompagnées d'une rétraction générale convulsive du système musculaire, et avaient lieu rigoureusement dans le sens de cette rétraction. De leur côté, les nerfs étaient tendus, raccourcis et considérablement hypertrophiés. Enfin, en explorant les débris de l'encéphale, l'auteur trouva les méninges déchirées, frangées, à moitié disparues, et la cavité du crâne réduite à un très petit espace irrégulier, formé par l'affaissement de ses parois qui étaient disjointes et en partie détruites.

Dans un second ordre de faits, l'auteur a réuni un certain nombre de monstruosités, dans lesquelles *le cerveau* et *la moelle épinière, mal conformés et plus ou moins incomplets*, avaient subi des déplacemens notables et étaient accompagnés de poches hydrocéphaliques et hydrorachidiennes plus ou moins considérables. Avec cet état du cerveau, coïncidait la généralité des difformités observées dans la catégorie précédente, c'est-à-dire, *rétraction musculaire générale* et *luxations* et *subluxations de toutes les articulations*.

Dans un troisième ordre de faits, l'auteur a rassemblé des fœtus humains et de veau, chez lesquels une *hydrocéphale très développée* coïncidait avec la rétraction générale du système musculaire et les difformités permanentes indiquées précédemment.

Dans une quatrième catégorie de faits, il a rassemblé des fœtus chez lesquels les mêmes difformités, quoique portées à un haut degré, présentaient néanmoins une différence de degré et de développement très marquée à droite et à gauche, coïncidant toujours avec une *rétraction spasmodique* proportionnée des muscles correspondans.

Dans une cinquième catégorie de faits, il a réuni des fœtus chez lesquels les difformités limitées à un seul côté du corps et toujours caractérisées par la rétraction des muscles, coïncidaient avec les traces d'une *affection cérébrale ancienne*.

Enfin, dans une sixième et dernière catégorie de faits, l'auteur a réuni une série d'observations recueillies sur des sujets vivans, offrant, avec des traces non équivoques *d'une affection cérébrale antérieure à la naissance*, une réunion de difformités décroissantes, depuis la difformité générale simultanée des pieds, des mains et de l'épine, jusqu'à la difformité d'un seul pied ou d'une seule main.

En présence de cette succession de faits, l'auteur a présumé qu'il y avait là comme des degrés différens d'une cause commune, et a cru y trouver l'origine d'un certain nombre de difformités congéniales.

2° HISTOIRE GÉNÉRALE DU RACHITISME.

Les principaux faits signalés par l'auteur, relatifs au rachitisme, sont les suivans :

A. L'influence du rachitisme sur le tissu osseux se révèle par quatre ordres de faits distincts, la *déformation*, *l'arrêt de développement*, le *retard de l'ossification*, et *l'altération du tissu*

B. La déformation rachitique du squelette se développe successivement de *bas en haut*, des os de la jambe aux fémurs, des fémurs au bassin ; puis viennent successivement ou simultanément les différentes parties des membres supérieurs, le thorax, et en dernier lieu la colonne et le tronc. *Le degré* des déformations est en rapport avec leur ordre de développement ; d'où il suit que la déformation rachitique d'une portion du squelette implique toujours la déformation des portions situées au-dessous.

C. La plupart des os du squelette rachitique sont toujours relativement moins développés en longueur ou en largeur que les os du squelette normal. Cette *réduction*, qui est indépendante de celle résultant des déformations, s'opère suivant la même loi que ces dernières, c'est-à-dire, *successivement* de bas en haut, et graduellement de haut en bas. La proportion selon laquelle toutes ces parties du squelette sont réduites de bas en haut, est exprimée par une série régulière de nombres qui permet de déduire approximativement, de la dimension d'un seul os, la dimension des autres parties du squelette.

D. La réduction plus grande des membres inférieurs comparée à celle des membres supérieurs établit entre ces parties des rapports de longueur qui *répètent* et *perpétuent* ceux de l'âge où la maladie s'est développée.

E. Le *retard de l'ossification* dans les os rachitiques se révèle par la persistance plus marquée des noyaux cartilagineux, par la disjonction des épiphyses et la réunion tardive des pièces composantes des os multiples.

F. La texture des os rachitiques offre des caractères tout à fait différens, suivant qu'on les observe pendant la période *d'incubation* du rachitisme, pendant sa période *de déformation,* pendant sa période *de résolution;* différentes au commencement et à la fin de chacune de ces périodes, différentes enfin suivant les degrés et l'ancienneté de l'affection.

G. Pendant la période d'*incubation* du rachitisme, il se fait un épanchement de matière sanguinolente dans tous les interstices du tissu osseux, proportionnellement de bas en haut; dans les cellules du tissu spongieux, le canal médullaire, entre le périoste et l'os, entre les lamelles concentriques de la diaphyse, entre les épiphyses et les diaphyses, entre les noyaux épiphysaires et leurs cellules, dans les os courts et les os plats comme dans les os longs, en un mot dans toutes les parties du squelette et dans tous les points du tissu osseux où se distribuent les radicules des vaisseaux nourriciers.

H. Pendant la seconde période du rachitisme, *période de déformation,* en même temps que le tissu osseux perd de sa consistance et se ramollit, la matière qui continue à se déposer entre tous les interstices du tissu osseux tend à s'organiser. Elle passe successivement de la forme cellulo-vasculaire à la forme cellulo-spongieuse. Cette matière de nouvelle formation est surtout abondante entre le périoste et l'os, entre la membrane médullaire et le canal, entre le périoste et la table externe des os plats, et entre les lames de ces derniers.

I. Pendant la troisième période, *la période de résolution,* le tissu de nouvelle formation dans les os longs et dans quelques os plats et courts, passe à

l'état de tissu compacte, et tend à se confondre avec l'ancien tissu qui recouvre sa dureté première. Cette addition d'un tissu nouveau au tissu ancien donne une très grande épaisseur et surtout une très grande largeur à quelques parties des os qui avaient été le siége de l'organisation du tissu spongieux nouveau de la période précédente.

J. Dans l'état désigné par M. Guérin sous la dénomination de *consomption rachitique*, et qui résulte d'un degré exagéré de l'affection, le dédoublement et l'écartement des parties composantes du tissu osseux ont été tels, que leur réunion ne s'est pas opérée et que la matière épanchée ne s'est pas organisée. Dans cet état, les cloisons et les lamelles osseuses sont restées écartées, et la consistance de l'os primitif a été réduite au point que leur couche extérieure n'est plus formée quelquefois que par une pellicule mince.

K. La texture des os rachitiques chez les adultes, quand la maladie s'est complètement résolue, offre une compacité et une dureté supérieures à celles de l'état normal. Dans cet état, désigné par l'auteur sous le nom *d'éburnation rachitique*, on ne trouve plus aucune trace de la réunion de l'ancien os avec le nouveau.

Sans doute, quelques-uns de ces faits avaient été notés déjà en partie, mais comme des circonstances absolues de la maladie : ils l'avaient été, entre autres, par Shaw, par MM. Guersant, Rufz, etc.; mais M. Guérin les a mieux et plus approfondis; il a surtout montré leur subordination au fait primitif de la maladie, c'est-à-dire, à l'altération des propriétés nutritives et plastiques du sang.

§ IV.

THÉRAPEUTIQUE DES DIFFORMITÉS.

§ 1ᵉʳ. PRINCIPES.

Six *conditions capitales* président, dans l'opinion de M. Guérin, au choix des moyens applicables aux difformités, et décident des résultats que ces moyens produisent.

Ces conditions sont :

1° La *cause essentielle* de la difformité ;

2° Le *degré* de la difformité ;

3° L'*ancienneté* de la difformité ;

4° Son *siège ;*

5" Sa *direction;*

6° Les conditions individuelles de l'*âge,* du *sexe,* de la *constitution.*

Voici une application de cette formule au traitement des déviations de la colonne vertébrale.

1° *Sous le rapport de la cause.*

Les déviations *musculaires passives* (par faiblesse musculaire maladive, relâchement des ligamens de l'épine, croissance exagérée ou élongation disproportionnée de la colonne) excluent l'extension parallèle, ne permettent au plus que l'extension sigmoïde, et réclament toujours les appareils à flexion latérale; elles réclament surtout les exercices gymnastiques généraux et spéciaux et les douches froides sur la colonne. Elles guérissent assez vite et complètement.

2° Les déviations musculaires *actives* (prédominance d'action d'un ordre de muscles, par rétraction musculaire convulsive, par contracture, etc.) réclament l'emploi des moyens mécaniques de différens ordres, extension et flexion; des douches locales de vapeurs émollientes ou narcotiques; de la gymnastique spéciale. Elles guérissent plus difficilement, mais peuvent guérir complétement.

3o Les déviations par *prédominance native d'un côté du squelette sur l'autre*, exigent l'emploi de moyens mécaniques divers, long-temps continués; des douches de vapeurs émollientes : elles ne réclament les exercices gymnastiques qu'à une époque avancée de leur traitement. Elles ne cèdent qu'avec lenteur et difficulté, et ne guérissent complétement que dans un petit nombre de cas.

4° Les déviations *rachitiques* exigent, lorsqu'elles sont dans la période de déformation, l'extension sigmoïde et les appareils à flexion latérale; une gymnastique rigoureusement spéciale; une médication et un régime appropriés à la nature du rachitisme. Elles guérissent assez facilement pendant la première et la deuxième période du rachitisme ; elles sont incurables dans la période de consolidation.

5° Les déviations *scrofuleuses ou tuberculeuses* rejettent complétement, sous peine d'accidens graves, l'emploi des moyens mécaniques ; permettent dans certains cas les exercices gymnastiques modérés ; exigent une médication externe révulsive et une médication interne spéciale. Elles ne guérissent presque jamais sans difformité consécutive, qu'il est dangereux de chercher à faire disparaître.

6° Les déviations par *causes combinées* offrent dans leur traitement un phénomène important, savoir, que la portion de déviation qui est due à l'influence de la cause musculaire se guérit avec facilité et promptitude ; tandis que la portion de la déviation due à la cause osseuse offre une résistance relative à la nature de son origine ; en sorte que la curabilité des déviations composées est relative à la somme particulière d'influence de chacune des causes qui y ont concouru.

2° Sous le rapport du degré.

1° Les déviations au *premier degré* réclament rarement l'extension parallèle, appellent de préférence l'extension sigmoïde et les appareils à flexion latérale. Elles guérissent presque toujours complétement.

2° Au *deuxième degré*, les déviations dont la nature de la cause permet l'emploi des moyens mécaniques, réclament en premier lieu l'extension parallèle, puis l'extension sigmoïde, puis la simple flexion. Presque toutes les déviations du deuxième degré sont complétement curables.

3° Au *troisième degré*, les déviations dont la cause n'exclut pas les agens mécaniques, réclament l'extension parallèle, très modérée, jamais primitivement l'extension sigmoïde ni les flexions alternes ; gymnastique générale et spéciale. Aucune déviation du troisième degré n'est complétement curable.

3° Sous le rapport de l'ancienneté.

1° Toute déviation *récente* commande la plus grande réserve dans l'emploi des moyens mécaniques ; presque toujours le changement d'attitudes, la disparition de la condition mécanique ou morbide qui a provoqué la difformité, suffisent pour la faire cesser en entier.

2° Toute déviation *ancienne* (hors les déviations tuberculeuses) exige l'emploi des moyens mécaniques variés, en commençant par l'extension parallèle.

Toute déviation très ancienne, quels qu'en soient la cause et le degré, disparaît avec lenteur, et très rarement d'une manière complète.

4° *Sous le rapport du siége.*

1° Les déviations *cervicales* qui permettent l'emploi des agens mécaniques (considération de la cause à part) appellent d'autres appareils que les déviations *dorsales*, celles-ci d'autres appareils que les déviations *lombaires.* Toutes peuvent, jusqu'à un certain point, être combattues par l'extension parallèle ; mais à chacune d'elles s'approprient plus spécialement les différentes méthodes et procédés de redressement. Les déviations cervicales et lombaires, toutes choses égales d'ailleurs, guérissent plus vite et plus complètement que les déviations dorsales. Les déviations dorsales supérieures, celles qui correspondent aux quatre premières dorsales, ne sont accessibles qu'à l'extension parallèle, et ne sont jamais entièrement curables.

5° *Sous le rapport de la direction.*

1° Les déviations en *arrière ou excurvations* (celles dont la nature de la cause permet l'emploi des moyens mécaniques) réclament immédiatement les appareils à flexion antéro-postérieure, opposée à la flexion pathologique. Toutes les déviations postérieures, excepté les musculaires passives, sont difficiles à guérir, et guérissent rarement en entier.

2° Les déviations *latérales* à gauche (considération de la nature de la déviation à part) réclament de suite l'emploi du traitement mécanique, à cause de l'influence de la difformité sur le cœur.

Les indications qui précèdent permettent, on le voit assez, d'apprécier l'esprit dans lequel l'auteur a conçu et exécuté la partie thérapeutique de son ouvrage. Il nous reste à indiquer les moyens nouveaux de traitement qu'il a imaginés.

§ 2. Moyens de traitement nouveaux.

1° *Le principe de la flexion substitué à l'extension et à la compression directe*, principe généralisé dans le traitement de toutes les difformités articulaires. Jusqu'à ce jour, les différentes machines proposées pour le redressement des déviations latérales de la colonne, des déviations postérieures ou excurvations, des flexions permanentes du coude ou du genou, des pieds-bots varus équins, avaient consisté en général dans des tractions exercées suivant l'axe longitu-dinal des parties déviées, et dans des pressions directes appliquées sur le sommet des convexités des courbures et à leurs extrémités. Le principe de la flexion proposé par M. Guérin, et les appareils où il l'a réalisé, tendent à tirer perpendiculairement, en sens contraire des courbures, sur les segmens des courbures en se servant de ces segmens comme de bras de leviers, dont le centre de mouvement est au sommet de chaque courbe, et dans l'ar-ticulation même qui est le centre de flexion de cette dernière. Il résulte de cette substitution de principes, que les forces sont employées d'une ma-nière plus favorable, déterminent par conséquent moins de gêne et de douleurs, et peuvent surtout porter le redressement au-delà de la ligne droite. Ce der-nier avantage est en particulier sensible dans le redressement des déviations de l'épine. Les appareils à extension parallèle permettent difficilement d'ob-tenir des redressemens complets, parce qu'on ne parvient jamais à vaincre la prédominance du côté convexe des courbures sur le côté concave ; tandis que ce résultat peut être plus ou moins facilement atteint par les appareils qui tendent à fléchir la colonne en sens inverse de ses courbures pathologiques. Les machines que M. Guérin a imaginées d'après ce principe sont :

1° Un appareil à *extension sigmoïde* pour les déviations latérales de l'é-pine dans lequel la flexion est combinée avec un léger degré d'extension en diagonale.

2° Un appareil à *flexions opposées* pour les déviations latérales de l'épine, dans lequel les flexions s'opèrent sans extension de la colonne.

3° Un appareil à *flexion postérieure* pour les déviations postérieures ou ex-curvations.

4° Un sabot à *triple flexion* pour les pieds-bots varus équins, au moyen duquel on peut faire décrire au pied trois mouvemens circulaires simultanés, opposés aux mouvemens décrits par le pied-bot.

La commission a encore distingué avec intérêt un petit appareil propre à opérer le redressement instantané des déviations musculaires passives de la ré-gion lombaire de la colonne, sans le secours d'aucune force morte, et au moyen de l'action musculaire seulement, mise en jeu *par l'obliquation du bassin*. Cet appareil, qui consiste dans un siège mobile sur un axe médian horizontal et antéro-postérieur, a pour effet, en déterminant l'abaissement du bassin du côté correspondant à la concavité de la déviation, de provoquer un mouvement de flexion de la colonne en sens opposé, mouvement que l'on peut graduer et varier suivant le degré d'obliquation du bassin. Cet appareil, qui peut suffire à lui seul dans le traitement de certaines déviations musculaires passives, est encore utile comme moyen auxiliaire dans des déviations qui exigent le concours d'appareils plus énergiques.

Enfin, M. Guérin a proposé pour le traitement de certains pieds-bots, chez les jeunes enfans, l'emploi du *plâtre coulé*. Ce moyen, qui est une application heureuse de l'appareil inamovible de M. Larrey, a sur les appareils mécaniques les avantages suivans : il ne se relâche point; il répartit la compression d'une manière égale sur toute la surface du membre ; il est peu coûteux, facile à exécuter, et applicable par tout le monde.

§ 5. Résultats.

Les différens moyens que nous venons de faire connaître à l'Académie ont été appliqués par M. Guérin sous les yeux de la commission, dans 14 cas de difformités, dont 9 de l'épine, 1 du cou, 4 de pieds-bots; de cause, de degré, de siège, de direction différens. Cette épreuve, présentée par l'auteur comme simple spécimen de ses applications thérapeutiques, et comme confirmation des succès énoncés dans son ouvrage, a produit des résultats complétement d'accord avec ses principes scientifiques :

1° Quatre cas de déviations musculaires du 2e degré ont été complètement guéris;

2° Un cas d'inclinaison musculaire du cou, redressé ;

3° Trois cas de déviations osseuses du 2e degré, considérablement améliorés ;

4° Deux cas de déviations osseuses du 3e degré, améliorés;

5° Quatre cas de pieds-bots complétement guéris, dont un cas extrême, consistant dans un renversement en arrière de la partie antérieure du pied, la malade marchant sur la face dorsale du tarse.

Les sujets dont il s'agit avaient été pris par M. Guérin dans la classe ouvrière, et traités gratuitement dans une division particulière de son établissement.

Tel est l'ouvrage de M. Guérin.

CONCLUSIONS.

Après tant de recherches faites successivement sur le squelette, sur le cadavre, sur le vivant ; après un si grand nombre d'observations rigoureusement recueillies et sévèrement interprétées ; après cette foule de faits nouveaux et de vues neuves sur les différentes parties du sujet ; finalement, après de si nombreux, de si beaux et de si féconds résultats introduits dans la science et dans l'art, nul ne s'étonnera, sans doute, que le prix ait été adjugé à ce remarquable travail.

La commission donne donc le prix proposé à M. Jules Guérin, et très explicitement aux points saillans de son ouvrage indiqués dans ce rapport.

Imprimerie et lithographie de Félix Malteste et Cᵉ, rue des Deux-Portes-Saint-Sauveur, 18.

www.ingramcontent.com/pod-product-compliance
Lightning Source LLC
LaVergne TN
LVHW051334200726
843510LV00002B/644